Windhauch Verlag

Sr. Gratia Adler OCSO

# Christus, du Sonne

Gebete * Meditationen * Lieder

Sr. Gratia Adler wurde 1960 in Freiburg / Breisgau geboren. Nach ihrem Pädagogikstudium trat sie 1986 in das Trappistinnen-Kloster Maria Frieden Dahlem / Eifel ein. In der Paramentenwerkstatt des Klosters fertigte sie Priestergewänder und Stolen in kunstvoller Seidenmalerei an, hinzu kamen im Lauf der Zeit die Aufgaben einer Kantorin und Novizenmeisterin. Seit 2012 ist Sr. Gratia Äbtissin des Klosters, das mittlerweile seinen Sitz in Steinfeld / Eifel hat. Die Trappistinnen sind Zisterzienserinnen strengerer Observanz und leben in Klausur.

Sr. Gratia Adler OCSO

# Christus,
# du Sonne

*Gebete * Meditationen * Lieder*

Bibliografische Informationen der Deutschen Nationalbibliothek:
Die Deutsche Nationalbibliothek verzeichnet diese Publikation in der Deutschen Nationalbibliografie; detaillierte bibliografische Daten sind im Internet unter
http://dnb.d-nb.de abrufbar.

Sr. Gratia Adler OCSO
Christus, du Sonne
Gebete * Meditationen * Lieder

1. Auflage 2022

www.windhauch-verlag.de

Korrektorat: Kai Liedtke, Berlin
Satz: Pinkuin Satz und Datentechnik, Berlin
Notensatz: notengrafik berlin
Druck und Bindung: Druckerei Dressler Berlin

ISBN 978-3-9824113-0-9

# Inhalt

## Einleitung

Mit diesem Büchlein möchte ich ein paar Gebete, Gedanken, Meditationen teilen, die vielleicht helfen können, Jesus, und damit dem Wesenskern unseres eigenen Inneren, näher zu kommen. Jesus Christus, der für uns gelitten hat, gekreuzigt wurde, starb und am dritten Tag auferstand, ist uns immer und überall gegenwärtig zu unserem Heil und zum Heil der ganzen Welt.

Zu meiner Person sollte man vielleicht wissen, dass ich Trappistin bin, also katholisch, und dass die Gemeinschaft Monte Crucis und in besonderer Weise P. Hubertus Tommek SJ meinen Weg zu Gott zutiefst geprägt haben. Ich habe erleben dürfen, was geschieht, wenn Menschen sich Gott hingeben und von IHM formen lassen. Dafür werde ich immer dankbar sein.

Dem Wunsch von Edelgard Ropel aus der Gemeinschaft Monte Crucis, Texte von mir zu veröffentlichen, komme ich deshalb auch sehr gern nach.

Abtei Maria Frieden, Steinfeld
September 2022

Sr. Gratia Adler OCSO

## Der heilige Johannes

Der heilige Johannes der Täufer wird in der Ostkirche wohl noch mehr verehrt als bei uns. In der Ikone »Deësis« steht er zusammen mit Maria als großer Fürbitter der Menschheit vor Christus und blickt ihn an mit bittend ausgestreckten Händen, ebenso Maria auf der anderen Seite. Warum diese beiden? Es sind diese beiden, weil wir glauben, dass sie die reinsten Menschen sind, die je auf Erden gelebt haben. Johannes wurde geheiligt im Schoß seiner Mutter Elisabeth, als Maria mit Jesus unter ihrem Herzen zu ihr kam. Das war die Geburt des Magnificat, die mit großer Freude einherging. Und ebenso herrschte große Freude landauf, landab, als der Täufer selbst geboren wurde und dessen Geburtstag wir im Jahreskreis feiern.

Johannes wurde der große Büßende per se. Wenn wir Schwestern vor der zeitlichen Profess unsere Kleider, vor-

nehmlich den Ledergürtel, gesegnet bekommen, bezieht sich das Segensgebet auch auf ihn.
Denn er war in der Wüste mit einem Gewand aus Kamelhaaren und einem ledernen Gürtel um seine Hüften gekleidet, wie Matthäus uns berichtet. Heuschrecken und wilder Honig waren seine Nahrung. Honig geht noch. Aber es ist für mich ein bisschen schwierig, sich vorzustellen, Heuschrecken zu essen. Aber zumindest deutet es darauf hin, dass die Nahrung des Johannes weder abwechslungsreich noch ausreichend war, dass er vielmehr von der Gottesliebe lebte und abseits aller Menschen. Unsere Wüstenväter hatten ihn zum großen Vorbild, besonders der große Antonius.
Unser Trappisten-Orden legt großen Wert auf die Buße. In Konstitution 2 heißt es: Die Nonnen weihen sich innerhalb des klösterlichen Bezirks ganz der Gottesverehrung

nach der Regel des heiligen Benedikt. Sie leisten so der göttlichen Majestät einen demütig-hohen Dienst in Einsamkeit und Schweigen, anhaltendem Gebet und hochherziger Buße, indem sie ein monastisches Leben nach der in den Konstitutionen festgelegten Weise führen.

## Die Heiligen

Im Martyrologium Romanum stehen über 6650 namentlich bekannte Selige und Heilige. Dazu gibt es eine riesige Menge heiligmäßiger Menschen. Jeder Heilige hatte seine Eigenheiten, seinen Charakter. Die meisten schwammen gegen den Strom – in der Nachfolge Jesu.

Auch jeder von Ihnen ist zu einem gewissen Grad ein Heiliger, zumindest ist wahrscheinlich keiner unter uns, der sich nicht darum bemüht, einer zu werden. Wir können den Heiligen schließlich nicht ein bestimmtes Image verpassen, auch wenn sie früher gern auf ein entrücktes, realitätsfernes Podest erhoben wurden. Die Heiligen sind nicht realitätsfern, ganz im Gegenteil. Sie lebten und leben mitten in der Realität, mitten in der Gegenwart Gottes. Einige Menschen, denen wir quasi die Hand geben konnten, die wir erlebt haben, sind inzwischen zur Ehre der Altäre gehoben worden. Es waren Menschen aus

Fleisch und Blut, mit Haut und Haar, mit einer Sprache oder sogar mit einem Dialekt, mit einer bestimmten Art, sich zu äußern, mit Enttäuschungen und Niederlagen in ihrer Biografie, mit ihrer Begeisterung für Gott, also eigentlich alle einfach große Gottsucher. Wer nach der Regel des heiligen Benedikt lebt, ist ein Gottsucher.
Ich vergesse nie, wie ich auf dem Katholikentag 1978 in Freiburg nur wenige Meter entfernt von Mutter Teresa von Kalkutta stand, als sie auf einem Holzpodest am Mikrofon sprach. Eine ganz kleine, bescheidene Ordensschwester, die in der Menge verschwand.

Wir wissen nie, ob wir nicht gerade einem Heiligen begegnen. Wir wissen nur, dass jeder Mensch, der uns begegnet, von Gott zu unserem Heil geschickt wurde.

Bei Joseph Ratzinger, auch einem heiligmäßigen Papst, der noch unter uns lebt, fand ich eine berührende Geschichte, die die Meisten wahrscheinlich nicht kennen. Es geht dabei um die Freude. Benedikt XVI. sagt zuvor: Es ist nicht nur unser Recht, es ist unsere Pflicht, uns zu freuen, weil der Herr die Freude geschenkt hat und weil die Welt auf sie wartet.

*»Dazu ein kleines Beispiel aus jüngster Zeit. Die britische Ärztin Sheila Cassidy, die 1978 in den Orden des heiligen Benedikt eintrat, geriet 1975 in Chile in Folter- und Kerkerhaft, weil sie einen Revolutionär ärztlich behandelt hatte. Kurz nach der Folterung wurde sie in eine andere Zelle verlegt, in der sie eine abgegriffene Bibel fand. Sie schlug sie auf und begegnet als Erstes einem Bild, auf dem ein Mensch war, völlig zerschlagen von dem Blitz*

*und Donner und Hagel, die auf ihn hereinbrechen. Augenblicklich hatte sie sich mit diesem Menschen identifiziert, in ihm sich erkannt. Aber dann schaute sie weiter und entdeckte auf der oberen Bildhälfte eine mächtige Hand, die Hand Gottes, und dazu die Unterschrift aus dem 8. Kapitel des Römerbriefes aus der Mitte des Auferstehungsglaubens heraus: ›Nichts kann uns trennen von der Liebe Christi‹(8,39) (…)*
*Sie wurde mit marxistischen Frauen zusammengelegt, denen sie Gottesdienste hielt und die mit ihr diese Freiheit vom Hass entdeckten und die große Freiheit, die daraus kam. Sie sagt: Wir wussten, dass diese Freiheit, die wir hinter dicken Mauern hatten, keine Einbildung war, sondern ganz reale Wirklichkeit. Nach acht Wochen wurde sie entlassen. Aber ihr blieb, dass sie seitdem immerfort im Alltag in den Menschen, in den Dingen Christus fin-*

*det, sodass sie nun das Wort von Chesterton verstehen konnte, ›dass die Menschen, gezeichnet mit dem Kreuz Christi, fröhlich durchs Dunkel schreiten‹.«*

In der Präfation von Allerheiligen heißt es:

*»In Wahrheit ist es würdig und recht, dir, allmächtiger Vater, zu danken und dich mit der ganzen Schöpfung zu rühmen. Denn heute schauen wir deine heilige Stadt, unsere Heimat, das himmlische Jerusalem. Dort loben dich auf ewig die verherrlichten Glieder der Kirche, unsere Brüder und Schwestern, die schon zur Vollendung gelangt sind. Dorthin pilgern auch wir im Glauben, ermutigt durch ihre Fürsprache und ihr Beispiel, und gehen freudig dem Ziel der Verheißung entgegen. Darum preisen wir dich in der Gemeinschaft deiner Heiligen und singen mit den Chören der Engel das Lob deiner Herrlichkeit.«*

## Fürchte dich nicht

Vor allem geht es darum zu erkennen, wie der Heilige Geist uns führen will.
Halten wir uns stets die alte Frage vor Augen, die uns der heilige Benedikt in der Regel stellt:
»Wer ist der Mensch, der das Leben liebt und gute Tage zu sehen wünscht?«
oder: »Weißt du nicht, dass Gottes Geduld dich zur Umkehr führt?«
Und der heilige Bernhard mit der berühmten Frage, die ihn umtreibt:
»Freund, wozu bist du gekommen?«

Unsere Ausrichtung auf Jesus Christus ist der Grund, auf dem wir stehen. Dieser Grund ist unerschütterlich. Sogar wenn wir durch eine Nacht des Glaubens gehen, so ist doch Jesus selbst nicht von uns entfernt, ganz im Ge-

genteil. Deshalb gibt es auch nie einen Grund, sich zu fürchten.
Ich glaube, es ist eine gute und heilsame Übung, sich tief im Inneren vorzustellen, mit was für einer Stimme z. B. der Erzengel Gabriel zu Maria gesprochen hat: »Fürchte dich nicht!«
Fürchte dich nicht – wie oft haben andere diesen Satz schon uns zugesprochen, wie oft haben wir ihn selbst anderen zugesagt. Diesem Satz nachzulauschen, den Jesus unaufhörlich in unserem Herzen spricht, ist eine Beschäftigung, die uns hilft zu leben, gut zu leben.

Der Weisheitslehrer Kohelet wird nicht müde, immer wieder zu sagen: »Windhauch, Windhauch, alles ist Windhauch.«
Zumeist verbindet man dieses Wort mit Vanitas, mit der

Vergänglichkeit. Genau besehen könnte man aber auch sagen: Ruach, alles ist Ruach. Der Hauch des Heiligen Geistes, der selbst Hauch ist.

Hauch. Im Osterevangelium hauchte Jesus die Jünger an und sprach: Empfangt den Heiligen Geist. Und Elija in der Wüste erkannte Gott nicht im Sturm, Feuer oder Unwetter, sondern in einem Hauch, einem verschwebenden Schweigen, in etwas, das vor Zartheit kaum zu spüren, kaum wahrzunehmen ist. Wenn man einen Käfer oder Schmetterling, der in der Winterstarre ist, anhaucht, fängt er an, sich zu bewegen, zu zappeln, vielleicht sogar davonzufliegen.

Hierin bewegen wir uns, leben und sind wir: im Hauch Gottes. Das ist so wunderbar, dass wir eigentlich unentwegt glücklich sein könnten. Können!

Von einem längst verstorbenen Bischof fiel mir dieser Tage eine Art Abschiedsbrief in die Hände, von dem ich Ihnen gern einige Sätze zitieren möchte.

*»Liebe Freunde,*
*nun muss ich mich der 2. Operation unterziehen. Ich weiß nicht, ob ich es noch mal schaffe. Alles ist offen und ungewiss. Das einzige absolut Sichere ist nur dieses, dass ich im Tod nicht tiefer falle als in Gottes große, gute Hand!*
*Zwar bin ich ihm ganz viel schuldig geblieben, doch glaube ich ganz fest, dass seine Liebe größer ist ... Ich habe nur einen Wunsch, dass Ihr nicht weint und trauert wie Menschen, die keine Hoffnung haben. Lasst mich bei DEM, der lebt und unser endgültiges Daheim ist!*

*Ich habe ganz viel Grund, Euch zu danken. Ihr habt mein Leben reich und schön gemacht. Verzeiht mir, dass ich Euch nicht immer gab, was ich Euch schuldete. Glaubt mir, dass ich von IHM aus für Euch weiter sorge. Das werde ich mir zur Hauptaufgabe machen: für Euch einzutreten und IHM Euren Namen zu nennen.*

*Wenn ich auf mein Leben zurückblicke, muss ich sagen: Es gab nichts Außergewöhnliches darin. Ich habe – ohne Tiefstapelei sei es gesagt – nichts Besonderes geleistet. Ich war kein großer Denker, kein Meister des Wortes, kein Organisator. Aber vielleicht ist es Gott dennoch gelungen, durch all meine Begrenztheiten hindurch ein klein bisschen Güte und Freude auf diese Erde zu bringen. Eigentlich hatte ich auch keinen*

*anderen Wunsch. Nun geht mutig und tapfer und froh Euren Weg weiter. Sucht, wo Christus ist! Denn ein Leben ohne ihn ist nicht gelebt. Vergesst nicht die Anbetung! In der Anbetung habe ich die dichtesten Stunden meines Lebens erlebt. »Brot ist wichtig, Freiheit ist wichtiger. Am wichtigsten ist die ungebrochene Treue und die unverratene Anbetung.« (Alfred Delp)*
*Bei all meinen Fehlern und Sünden bin ich zuversichtlich, DEN schauen zu dürfen, der mich in der Anbetung so oft angeschaut hat. Was für ein Fest: bei Jesus sein, bei seiner Mutter, bei Paulus, beim hl. Franz, bei Augustinus, bei Charles de Foucauld, bei Johannes XXIII., bei Mama und Papa und bei all den lieben Freunden, die schon am Ziel sind.*
*Und wenn Ihr eines Tages nachkommt – was für eine Freude!! Bis dahin! Lebt wohl!«*

## Herr

Herr, es tut so gut,
einfach nur bei DIR zu sein.
Ich atme aus, überlasse DIR den ganzen Kram,
den ich erst jetzt so richtig
auf meinen Schultern lasten fühle.
Deine Augen schauen mich an.
Liebevoll.
Wissend, durch und durch.
Dein Wissen geht bis in die
letzte Tiefe,

dort, wo ich heil bin,
wo ich gut bin,
ja, gut,
denn das bist ja DU,
mein Wesenskern,
ein Splitter Deiner unfassbaren Liebe,
mit der Du mich und uns alle
geschaffen hast.
Es tut so gut, Herr,
einfach nur bei DIR zu sein.

## Lamm Gottes

*Würdig ist das Lamm, das geschlachtet ist, Macht zu empfangen, Reichtum und Weisheit, Kraft und Ehre.*
*Ihm sei die Herrlichkeit und die Herrschermacht in Ewigkeit.*
Das Lamm hat die Macht, nicht der Wolf.
»Seht das Lamm Gottes«, hören wir täglich in der Messfeier.
Was ist das für ein Paradox! Glauben wir das wirklich?
Christus steht vor uns mit Dornenkrone und gefesselten Händen. Ist das nicht viel eher ein Bild der Ohnmacht?
Sehen wir Jesus an. Wie übt er sein Königtum aus?
Er liebt. Er liebt uns. Er hat eine Schwäche für uns, wie man so schön sagt. Jesus sagt zu Pilatus: Mein Königtum ist nicht von hier.
Hier, in der Welt, herrschen andere Gesetze und Könige.
Starez Siluan vom Berg Athos sagt:

*»Der stolze Mensch will alles mit dem Verstand erfassen, doch Gott offenbart sich nur der demütigen Seele. Dem Demütigen zeigt der Herr seine Werke, die für unseren Verstand unfassbar sind, aber durch den Heiligen Geist offenbar werden. Mit unserem Verstand allein können wir ja selbst das Irdische nur zum Teil erkennen. Geben wir uns doch die Mühe, zu erfahren, wie es im Inneren des menschlichen Herzens aussieht. Das Himmelreich sähen wir in der Seele des Heiligen – Finsternis und Qual in der Seele des Sünders. Und das zu wissen, ist uns nützlicher, denn seht, irgendwo werden wir uns ewiglich befinden, entweder im Himmel oder in der Finsternis.*

*... Erkennt euren Schöpfer, ihr Menschen! Er liebt uns. Erkennt die Liebe Christi, ihr werdet in Frieden leben und den Herrn erfreuen. Gütig und barmherzig erwartet er*

*alle. Kehrt um zu ihm, alle Völker der Erde, erhebt eure Gebete zu Gott. Wenn das Gebet der ganzen Welt gemeinsam zu ihm aufsteigt, wie eine Säule, herrlich und still, dann werden alle Himmel frohlocken und dem Herrn lobsingen für seine Leiden, durch die er uns erlöst hat.«*

## Mit anderen Augen

Oft weiß man erst, was man hat, wenn man es nicht mehr hat. Deshalb ist es eigentlich am besten, wenn man so lebt, als habe man nichts. Soweit sich das um entbehrliche Dinge handelt, ist das weiter keine Kunst. Wenn es um unentbehrliche Dinge geht, hilft ein bisschen Heroismus, um darüber hinwegzukommen. Es bleibt allerdings die Frage, was entbehrlich und was unentbehrlich ist. Darüber dürfte jeder anders urteilen. Wenn wir jetzt vom Fleck weg flüchten müssten wie die Flüchtlinge heute oder wie zum Teil unsere Vorfahren im Krieg, was würden Sie da mitnehmen?
Viel Auswahl bleibt da nicht.

Wir haben früher im Biologieunterricht einmal das Ochsenauge durchgenommen. Jeder sollte bei einem Metzger um solch ein Auge bitten und es am nächsten Tag in

die Schule mitbringen. Die meisten fanden das ziemlich eklig, aber es geschah so. Nun sagte die Lehrerin zu uns, wir sollten jetzt einmal durch dieses Ochsenauge durchschauen. So sieht ein Ochse die Welt.
Als ich das tat, war ich erstaunt, wie undeutlich und verschwommen ich darin die Dinge sah. Und wenn mir dann einmal die Decke über dem Kopf zusammenbricht, dann denke ich an das Ochsenauge und es wird mir bewusst, dass ich nicht mehr in der Lage bin, die Dinge klar und deutlich und mit den Augen Jesu zu sehen.
Wirklich kennen kann uns nur Jesus. Doch er leiht uns ohne Weiteres seine Augen, um mit ihnen und zugleich mit seinem Herzen die anderen zu sehen.
Katharina von Siena sagt dazu: *»Wir machen uns selbst blind, wenn wir die Wolke der Gleichgültigkeit und den Nebel der Eigenliebe vor unseren Augen dulden.«*

## Kaum zu glauben

Wer ist wie du, Herr?
So steht es im Psalm.
Wer ist so liebevoll wie du?
Wer ist so unerschütterlich in seiner Liebe wie du?
Weil du mich ganz und gar kennst,
lässt du dich längst nicht so erschüttern
von meinen dunklen Seiten,
wie ich manchmal erschüttert bin
von mir selbst.
Manchmal frage ich mich:
Gibt es wirklich nichts Böses, das ich tun könnte,
sodass du dich im Zorn von mir abwendest
und nie mehr etwas mit mir zu tun haben willst?
Ich kenne solche Momente.
Wenn andere mir so auf die Nerven gehen,
dass ich denke, ich ertrage das nicht mehr länger.

Und du?
Du lächelst nur.
Aber, aber, ich kenne euch doch alle
in- und auswendig!
So spricht dein gütiges Lächeln.
Es ist kaum zu glauben.
Echt – kaum zu glauben!

***»Man verlässt sich auf Gott nur, soweit man sich selbst verlässt.« (M. Blondel)***

Warum feiern die Kölner und andere die »5. Jahreszeit« eigentlich ausgerechnet dann, wenn es am kältesten ist? Wahrscheinlich deswegen, weil der Winter ausgetrieben werden soll und weil die kommende Fastenzeit diese Art von Feiern unmöglich macht.
Und nach Ostern – da ist nichts mehr mit Winter.
In unserem Kloster finden jährlich die »Karnevalsflüchtlinge« eine Zuflucht, denn hier bekommt man rein gar nichts mit von dem lauten Spektakel. Stattdessen ist Anbetung und Chorgebet angesagt, ein Kontrastprogramm. Nicht dass man sich nicht freuen dürfen sollte! Aber, wie heute die Seligpreisungen tröstlich und zugleich warnend ankündigen: *»Selig, die ihr jetzt weint, denn ihr werdet lachen.«* Und: *»Weh euch, die ihr jetzt lacht; denn ihr werdet klagen und weinen.«*

Ich glaube nicht, dass das rein äußerlich zu verstehen ist. Eher so, dass nichts bleibt, wie es ist – zumindest nicht auf dieser buckligen Erde. Es gibt ja verschiedene Arten zu lachen und ebenso verschiedene Arten zu weinen. Wer wirklich aus der Tiefe heraus seinen Schmerz ausschreit und ausweint, der wird, wie es schon im Psalm 130 heißt, beim Herrn Barmherzigkeit finden. *»Meine Seele wartet auf den Herrn, mehr als die Wächter auf das Morgenrot.«* Sowohl das Lachen als auch das Weinen kann eine Form sein, sich selbst zu verlassen. Dann trifft das Wort von Blondel zu: Dann wird Gott zum einzigen Halt, zum einzigen Trost, zur einzigen Freude. Wie schön, dass das auch durch Lachen geschehen kann!

## Seele Christi, heilige mich

*Seele Christi, heilige mich.*

Das Gebet, das mit diesen Worten beginnt, steht auch noch in der neuen Generation des Gotteslobes (Nr. 6,4). Ich habe früher immer darüber hinweggelesen. Ich dachte: Immer nur ich, ich, ich. So was Doofes. Bis ich es dann mal als Bußgebet nach der Beichte aufbekam. Da fing ich an, darüber nachzudenken. Seele Christi – was ist denn das? Hat denn Christus eine Seele? Ja klar, jeder Mensch hat eine Seele. Aber beim Gottmenschen – da ist das doch alles viel einheitlicher, da besteht doch keine Diskrepanz zwischen Seele und Leib! Oder doch?
Natürlich. Er hat geweint, Blut geschwitzt, war auch mal zornig, er litt und hauchte am Kreuz seinen Geist aus.
Darf man überhaupt über so was nachdenken? Verbietet das nicht die Ehrfurcht?

Ich glaube, nicht.
Wäre Jesus sonst Mensch geworden? Hätte er sonst die Kinder und einfachen Leute besonders geliebt? Hat er sich nicht bis ins Tiefste uns offenbart?
Sein Wesen ist Liebe, Dialog, Gemeinschaft, innige Vertrautheit.
Keine Frage ist ihm fremd.
Also: Was bedeutet es, wenn ich bete: Seele Christi, heilige mich?
Es bedeutet: Ich bitte mit meinem innersten Wesen das innerste Wesen meines Gottes, mich zu heiligen.
Heiligen ... dieses Wort ist inzwischen nahezu unbekannt.
Heilige mich. Das kann ich nicht einen Menschen bitten.
Es bedeutet ja: Nimm mich auf in den göttlichen Glanz deines Lichtes, wasche meine Sünden ab und nimm mich hinein in die Sphäre deiner Heiligkeit.

## Umkehr

Im 7. Kapitel der Ordensregel des heiligen Benedikts sagt er über die erste Stufe der Demut: »*Weil der Herr gütig ist, schont er uns in dieser Zeit und erwartet unsere Bekehrung zum Besseren, damit er uns dereinst nicht sagen muss: ›Das hast du getan und ich habe geschwiegen.‹*«
Im Gleichnis vom barmherzigen Vater sucht der Vater seinen Sohn, und nichts sucht er so sehr wie diesen. Das zu wissen, erleichtert unsere Gottsuche. Mehr als alles andere ist der Gottsucher für Benedikt die Definition des Mönchs. Daher ist der Mönch gewissermaßen ein sich bekennender, verlorener Sohn, denn wenn er sich selbst genügen würde und autark wäre, wie könnte er dann Gott suchen? Er braucht ihn ja gar nicht, weil er alles seinem eigenen Einsatz verdankt. So denkt der ältere Bruder. Der verlorene aber, er hat alles verloren und weiß, dass niemand ihm helfen kann als der Vater allein.

Der Vater aber wartet in seiner Güte. Er wartet, dass wir die falsche Autonomie unseres Lebens aufbrechen und umkehren zu ihm. Conversio, Conversatio.
Unsere Weisheit besteht darin, dass wir wissen, wie sehr wir den Herrn brauchen. Für die Welt ist das Torheit, für uns aber ist es das einzige Licht, die einzige Kraft unseres Lebens. Auf unserer Suche begegnen wir Gott selbst, und Jesus, der uns zum Bruder geworden ist, ist selbst der Weg zum Vater. Wir sind in unserer Verlorenheit schon Gefundene, und alles Finden lässt uns noch mehr suchen.

So leben wir in Paradoxen. Lassen wir uns nicht von diesem Weg abbringen, der nun einmal eng sein muss, arm, gehorsam, friedfertig, geduldig.

## O Gott, mein Gott

*O Gott, mein Gott bist du,*
*in Sehnsucht suche ich dich.*

Weit über 2000 Jahre alt ist dieses Gebet aus Psalm 62.
In uns tragen wir die Geschichte der Menschheit und damit auch die Geschichte des Betens.
Jeder Mensch trägt eine Veranlagung in sich, ein Wesen anzubeten, das ihn übersteigt.
Jesus Christus hat sich als Sohn Gottes offenbart und uns die unermessliche Liebe des Vaters nahegebracht. Niemand, kein Mensch, konnte in der Weltgeschichte übersteigen, was Jesus für uns getan hat. Als Höchster wurde er der Niedrigste, als Licht vom Licht hat er sich leidensfähig gemacht und gelitten, wie nur je ein Mensch gelitten hat. Als Löwe wurde er zum Lamm, das geschlachtet wurde, als Herr der Herren hat er sich anspucken, schla-

gen und foltern lassen, als Schönster aller Menschen hat er sich verunstalten und zum Hohn der Spötter aufhängen lassen.
Seht den Menschen, sagte Pilatus.
Kann man da völlig gefühllos bleiben, wenn man auch nur ein kleines bisschen an seine Liebe glaubt?
Und dann kann diese Gegenliebe plötzlich in ein loderndes Feuer ausschlagen, in dem der obige Psalmvers lebendig wird:

*O Gott, mein Gott bist du, in Sehnsucht suche ich dich.*

Lass, o Herr, diese Worte in mir nicht verstummen,
lass meine Pfade, die holprigen und krummen,
von dieser Musik begleitet sein,

von dieser Sehnsucht durchdrungen sein,
aus deinem klaren und hellen Schein.

*O Gott, mein Gott bist du,*
*in Sehnsucht suche ich dich.*

## Eine unglaubliche Geschichte

Beim Generalkapitel in Assisi bemerkte ich am Samstag, 3. September 2022, dass mein Smartphone verschwunden war. Ich suchte überall – doch vergebens. Am Montag, dem 5. September, stellte ich nachmittags fest, dass meine »Zauberflöte« – eine Querflöte – verschwunden war. Da ich am folgenden Tag in der Heiligen Messe morgens spielen sollte, war ich darüber ziemlich verzweifelt und suchte stundenlang alle Plätze ab, an denen ich war und gewesen sein könnte. Vergeblich. Am nächsten Morgen ab 5.30 Uhr suchte ich weiter. Nichts. Einigen Superioren erzählte ich davon, sie zeigten alle Sorge und Mitgefühl. Doch die Heilige Messe musste ohne die Flötentöne gefeiert werden. Bei der Versammlung in der Aula verkündete Dom Elias, dass ich meine Flöte verloren hätte. Freundliches Gelächter. Er darauf weiter: »Leider hat sie unabhängig davon auch ihr Smartphone verloren.« Noch mehr Gelächter. Ich fand es selbst sehr lustig, es war die Art, wie Dom Elias das vortrug. Nun erntete ich von allen Seiten viel Mitgefühl und Bedauern und gute Fragen und Hinweise. Mittags wurde ich bestimmt einhundertmal gefragt, ob die Flöte schon aufgetaucht sei. Viele beteten. Ich auch. Als ich hörte, dass man außer dem heiligen Antonius von Padua auch »Little Nelly«, eine sehr junge irische Heilige, anrufen kann, wandte ich mich auch an sie.

Der tägliche Ablauf in der Aula, dem Speisesaal und den Kommissionen schritt voran. Ich wurde auch herausgerufen für meinen eigenen Hausbericht. Als dieser fertig war, ging ich in meine Kommission zurück. Der Saal war leer. Da dachte ich, das war es für diesen Nachmittag. Als ich in mein Zimmer kam, beschloss ich, nach Perugia zu fahren und eine billige Flöte zu kaufen. Das fand ich angemessen, da noch so viele Tage vor uns lagen. Nochmals betete ich, um Jesus zu fragen, ob das richtig sei. Er hatte offenbar nichts dagegen. Im Laptop fand ich die Adresse des nächsten Musikgeschäftes in Perugia, etwa 15 Kilometer entfernt. Als ich Richtung Auto ging, standen ein paar nette US-Äbte und Äbtissinnen beim Brunnen im Schatten. Ich stellte mich kurz dazu, natürlich wieder die Fragen, ob die Flöte gefunden sei. Erst als sie dann geschlossen gingen, bemerkte ich, dass das nur eine Pause war und die Arbeiten in den Kommissionen weitergingen. Da fragte ich unsere Präsidentin M. Kathy, ob ich schon fahren dürfte, denn ich befürchtete, dass die Geschäfte anderenfalls schon zuhaben würden. Sie erlaubte es großzügig. Etwas aufgeregt stellte ich das Navi ein und fuhr los. Unterwegs war Feierabendverkehr, auf mehreren Spuren Stau und eine furchtbare Hitze. Als ich endlich in Perugia ankam, fand ich das Musikgeschäft ziemlich schnell. Dort herrschte eine angenehme Kühle. Ich wartete eine Weile an der Theke inmitten der vielen Instrumente. Da sah ich auf der Theke eine Schatulle liegen, die mir ungeheuer bekannt vorkam. Ich dachte, na ja, kann ja sein, dass es davon mehrere gibt. Ich fragte auch, ob ich mir die darin liegende Flöte näher ansehen könne, es gab aber Zurückhaltung. So ging ich zu meiner Verkäuferin zurück und fragte nach Querflöten. Die Frau brachte mir nach längerem Warten eine Yamaha-Flöte, gebraucht, ein gutes Stück. Sie tat sich schwer mit dem Englisch, und auf einmal fragte sie: »Sprechen Sie Deutsch?« Ich bejahte, da sagte sie erleichtert: »Gott sei Dank!« Dabei war ich es, die das hätte sagen müssen. Sie brachte mir noch eine weitere Flöte, und ich probierte sie

aus, spielte darauf rauf und runter. Sie gefielen mir beide. Dann wandte ich mich zu dem Verkaufstisch, wo jene Flöte lag, die da verkauft wurde. Ein etwas abgerissener Mann mit Plastiktüte ging auf und ab und zeigte der Verkäuferin seinen Personalausweis. Ich sagte auf Deutsch leise zu ihr, das sei meine Flöte, dieser Mann habe sie gestohlen. Die Verkäuferin hatte Angst und gab mir ein Zeichen, mich im Hintergrund zu halten. Sie feilschte mit dem Mann herum und machte eine Fotokopie von seinen Personalien. Mir kam das alles wie ein Traum vor, sodass ich wenig empfand und einfach schweigend wartete, das Bild mit der Ikone der schweigenden Maria vor Augen, die auf unseren liturgischen Büchern dargestellt ist.
Die Verkäuferin gab dem Mann seine Papiere zurück und 100 Euro in seine ausgestreckte Hand. Der Mann verließ das Geschäft. Ich sagte zu der Verkäuferin, ich sei

mir ganz sicher, das sei meine Flöte, die mir gestern gestohlen wurde. Sie meinte, ich solle am folgenden Tag wiederkommen. Ich sagte ihr, dass ich die Flöte am frühen nächsten Morgen brauche. Zögernd gab sie sie mir. Ich gab ihr 100 Euro, um sozusagen meine Flöte zurückzukaufen. Die Verkäuferin bat mich, mich am folgenden Tag zu melden, und meinte, sie hatte den Mann nicht provozieren wollen, weil er sonst die Flöte geschnappt hätte und davongerannt wäre. Sie sagte, er komme morgen wieder, um mehr Geld abzuholen. Sie selbst hatte sich bereits erkundigt, wie viel die Flöte wert sei. Aber sie hatte so etwas anscheinend noch nicht erlebt, auch wenn sie in den Augen des Mannes gleich gesehen hatte, dass da was nicht stimmte. Ich versprach ihr, Anzeige bei der Polizei zu erstatten und mich wieder zu melden. Wie benommen ging ich mit der Flöte davon, die ich sorgfältig eingepackt hatte, damit der Mann im Falle eines Falles nicht sehen konnte, dass ich sie mitnahm. Sie meinte selbst, dass das eine höchst ungewöhnliche Geschichte sei und ich für sie beten solle. Sie hatte Tränen in den Augen. Ihr Name sei Christine. Erst auf der Rückfahrt wurde mir richtig klar, dass das wirklich kein Zufall war, sondern ein echtes Wunder. Wie viele hatten in dieser Sache gebetet! Ich war und bin tief beeindruckt und danke dem Herrn für so viel Gnade.

Die Geschichte ist aber nicht zu Ende. Wie soll ich beweisen, dass das meine Flöte ist? Im Moment ist sie sozusagen nur ausgeliehen. Und vor allem: Selbst wenn ich beweisen könnte, dass es meine Flöte ist, wie soll ich in diesem fremden Land mein Recht einfordern? Der Mann kommt heute irgendwann zurück, um die Summe abzuholen, die ihm die Verkäuferin genannt hat. Sie kann sich nicht wehren. Sie hat seine Personalien, aber zu finden wird dieser Mann nicht sein. Und die Polizei ist weder zuständig noch vorhanden. Ich wollte Anzeige erstatten, da wurde geforscht, wo ich diese Anzeige erstatten kann, in Assisi oder in Perugia, bei der örtlichen Polizei oder bei der militärischen. Ich kann erst heute um 10 Uhr hin, bis dahin kann der Mann sein Geld gefordert haben. Er hat die Flöte zum Verkauf gebracht, er wird den Preis dafür fordern oder die Flöte zurückfordern. Was soll man da tun? Die Verkäuferin ist in einer Zwickmühle, ich bin es auch. Vielleicht hätte ich gestern ein großes Theater machen müssen, aber der Mann war sehr hartgesotten, ich hätte ihm allerhand zugetraut. Die Verkäuferin hat Angst, und nicht zu Unrecht.

Hier denken alle Kapitulanten, die Flöte ist zurück,

alles gut. Aber die Besitzansprüche sind noch nicht geklärt.

Ein Tag später: Gestern war ich mithilfe einer Angestellten des Domus Pacis, Chiara, bei der Polizei, die sehr freundlich die Bestandsaufnahme machte und einen Bericht schrieb. Nun wird der Mann gesucht und die Dame in dem Geschäft, Christine, muss jetzt keine Angst mehr haben. Die Polizei händigte mir die Flöte offiziell aus. Alleluja!

Vorhin fragte mich jemand, ob ich dem Dieb verziehen habe. »Ja klar«, sagte ich, bemerkend, dass ich darüber noch gar nicht nachgedacht hatte. Ich sehe alles als eine Fügung an, die mich tiefer denn je davon überzeugt hat, dass Gott alles in Seiner guten Hand hat und niemanden allein lässt in der Not. Gott hat gegeben, Gott hat genommen, gelobt sei der Name des Herrn. Oder umgekehrt.

Zwei Wochen später: Mit afrikanischen Schwestern fuhr ich nochmals nach Perugia, um ein kleines Keyboard für sie zu erstehen. In dem besagten Musikgeschäft kannten mich sofort alle und machten ein Zeichen, als würden sie Querflöte spielen. Leider war Christine an diesem Tag nicht da, aber ihr Sohn, der das Geschäft leitet. Er erzählte mir auf Englisch, dass der Mann tatsächlich nach einigen Tagen wiedergekommen sei und sein Geld haben wollte. Christine sagte ihm, dass die Polizei ihn suche. Da lief er auf dem schnellsten Weg davon. Damit ist die Geschichte wohl zu Ende. Mein Smartphone bleibt die Beute eines Diebes, aber es ist hundertmal leichter zu ersetzen als die Flöte, die wirklich ein kostbares Stück aus Silber ist. Der Abt eines amerikanischen Klosters gab mir hundert Euro in Anerkennung meiner Flötentöne, die ich dem Generalkapitel schenken darf, da ich ja der Verkäuferin diese Summe gegeben hatte. Das freute mich sehr. Es ist diese Großherzigkeit, die ich immer wieder erleben darf im Geiste der Carta Caritatis. Die Liebe und die Musik sind die wunderbaren Sprachen, die jeder auf dieser Welt verstehen kann.

# Christus, du Sonne

# Über alle Grenzen

# Laß mich dich loben

Foto: Wolf R. Ussler

## Das Leben als Trappistin

Morgens stehen wir gegen 3.40 Uhr auf. Um 4.05 Uhr beginnt in der Kirche das nächtliche Gebet, die Vigil, die etwa eine Stunde dauert, sonntags länger, danach ist eine Betrachtungszeit bzw. stilles Gebet am Chorplatz in der Kirche.

Ab 5.30 Uhr kann man frei frühstücken, also nicht gemeinsam, dann ist noch eine Stunde Zeit für die Lectio divina – die geistliche Lesung – im Skriptorium, wo jede Schwester ein eigenes Pult hat. Um 7 Uhr beginnt die Laudes, anschließend folgt die Eucharistiefeier (sonntags um 9 Uhr). Zwischen der Eucharistiefeier und der Terz um 9 Uhr ist eine freie Zeit, in der man die Zelle aufräumen, spazieren gehen oder anderes tun kann. Der Terz folgt eine Arbeitszeit bis zur Sext um 12.15 Uhr. Die Arbeit sollte möglichst Handarbeit sein, also Klosterprodukte herstellen oder Hausarbeit oder was immer einer Schwester

aufgetragen wird. Die Arbeit dient auch als Ausgleich zum relativ großen Tagesanteil an Gebet und Lesung.
Nach der Sext und dem Angelus essen wir gemeinsam im Schweigen zu Mittag und hören dabei eine Tischlesung.
Die Mittagspause mit Abwasch und Ausruhen dauert bis zur Non um 14.20 Uhr. Dann ist wieder Arbeitszeit bis zur Vesper um 17.15 Uhr. Nach der Vesper folgt eine Betrachtungszeit von 15 Minuten, anschließend gehen alle gemeinsam ins Refektorium zum Abendessen, wieder mit Tischlesung.
Der Abend kann für persönliche Dinge oder Gespräche genutzt werden, um 19.20 Uhr endet der Tag mit der Komplet und dem Salve Regina. Beim Auszug aus der Kirche wird jede einzelne Schwester gesegnet und geht in ihre Zelle. Ab 20 Uhr ist Nachtruhe und großes Schweigen bis nach der Eucharistiefeier am nächsten Morgen.

Auch tagsüber soll so wenig wie möglich gesprochen werden, und dann nur in geschlossenen Räumen.
Einmal im Monat kann jede Schwester einen Wüstentag nehmen, an dem sie nicht arbeitet und stattdessen betet, ausruht, liest, spaziert ...

Einmal im Jahr gibt es Konventexerzitien, eine Woche lang. Normalerweise kommt dafür ein Exerzitienmeister mit Vorträgen, Gesprächsangeboten, Beichtgelegenheit. Während dieser Zeit wird dann nur das Nötigste gearbeitet.
Das Leben als Trappistin spielt sich ausschließlich in der Klausur ab. An einigen Tagen im Jahr darf man auch Besuch, vornehmlich von der Familie, empfangen.

Die Struktur dieses Lebens ist sehr straff, birgt aber gerade dadurch viele innere und äußere Wachstumsmöglichkeiten. Falls jemand meint, das sei alles langweilig und immer das Gleiche, so muss ich widersprechen. Mir war in 36 Jahren noch nie langweilig im Kloster.

Zu erklären ist das nicht. Jemand zeigte mir einmal eine schöne Blume, eine Wickenart, die um einen trockenen Stängel herum hochgewachsen war. Er sagte: Dieser trockene Stängel ist die Struktur, ohne die diese Blume nicht zum Blühen kommt. Die Struktur ist nicht das Leben, aber sie ermöglicht es.

Das geistliche Leben bleibt immer geheimnisvoll und unergründlich; je mehr man davon kostet, desto mehr wächst die Sehnsucht nach Gott.

## Bildnachweise

| | |
|---|---|
| Umschlag: | Mit freundlicher Genehmigung<br>Wolf Ussler Fotografie<br>© Wolf R. Ussler, Düsseldorf |
| Seite 12 | © Sr. Gratia Adler OCSO |
| Seite 21 | © Sr. Gratia Adler OCSO |
| Seite 37 | © Sr. Gratia Adler OCSO |
| Seite 44 | © Sr. Gratia Adler OCSO |
| Seite 62 | Mit freundlicher Genehmigung<br>Wolf Ussler Fotografie<br>© Wolf R. Ussler, Düsseldorf |